A mi padre, Mike Corey, quien tenía catorce años de edad y vivía en Miami Beach durante la crisis de los misiles cubanos, y siempre está haciendo preguntas —S. C.

A Michiko y Jin —R. G. C.

loqueleo

Título original: *A Time to Act: John F. Kennedy's Big Speech*
© Del texto: 2017, Shana Corey
© De las ilustraciones: 2017, R. Gregory Christie
Todos los derechos reservados.
Publicado primero en Estados Unidos, Gran Bretaña, Canadá, Australia y Nueva Zelanda por
NorthSouth Books, Inc., un sello de NordSüd Verlag AG, CH–8050 Zurich, Suiza.

Publicado en español con la autorización de NordSüd Verlag AG.

© De esta edición:
2017, Santillana USA Publishing Company, Inc.
2023 NW 84th Avenue
Miami, FL 33122, USA
www.santillanausa.com
www.loqueleo.com/us

Dirección editorial: Isabel C. Mendoza
Traducción: Eduardo Noriega
Montaje de esta edición: Claudia Baca
Cuidado de la edición: Ana I. Antón

Loqueleo es un sello del **Grupo Editorial Santillana**.

Es hora de actuar: El gran discurso de John F. Kennedy
ISBN: 978–1–68292–506–5

p. 13: One brief quotation from p. 225 from PROFILES IN COURAGE by JOHN F. KENNEDY. Copyright © 1955, 1956, 1961 by John F. Kennedy. Copyright renewed © 1983, 1984, 1989 by Jacqueline Kennedy Onassis. Foreword copyright © 1964 by Robert F. Kennedy. Reprinted by permission of HarperCollins Publishers. Permission for the Spanish edition is in process.

p. 18: Reprinted with permission from *New Pittsburgh Courier*, June 25, 1960. Permission for the Spanish edition is in process.

pp. 26, 37: Reprinted with permission from The Estate of Jackie Robinson & Mrs. Rachel Robinson. Jackie Robinson™ is a trademark of The Estate of Jackie Robinson & Mrs. Rachel Robinson. http://jackierobinson.com. Permission for the Spanish edition is in process.

pp. 28, 36: Reprinted by arrangement with The Heirs to the Estate of Martin Luther King, Jr., c/o Writers House as agent for the proprietor, New York, NY. Copyright © 1963 Dr. Martin Luther King, Jr. Copyright © renewed 1991 by Coretta Scott King. Permission for the Spanish edition is in process.

p. 47, photograph: Cecil Stoughton. White House Photographs. John F. Kennedy Presidential Library and Museum, Boston. Permission for the Spanish edition is in process.

Published in the United States of America
Printed in Bellak Color Corp.

23 22 21 20 19 18 17   1 2 3 4 5 6 7 8 9 10

ES HORA DE ACTUAR

El gran discurso
de John F. Kennedy

TEXTO DE Shana Corey
ILUSTRACIONES DE R. Gregory Christie

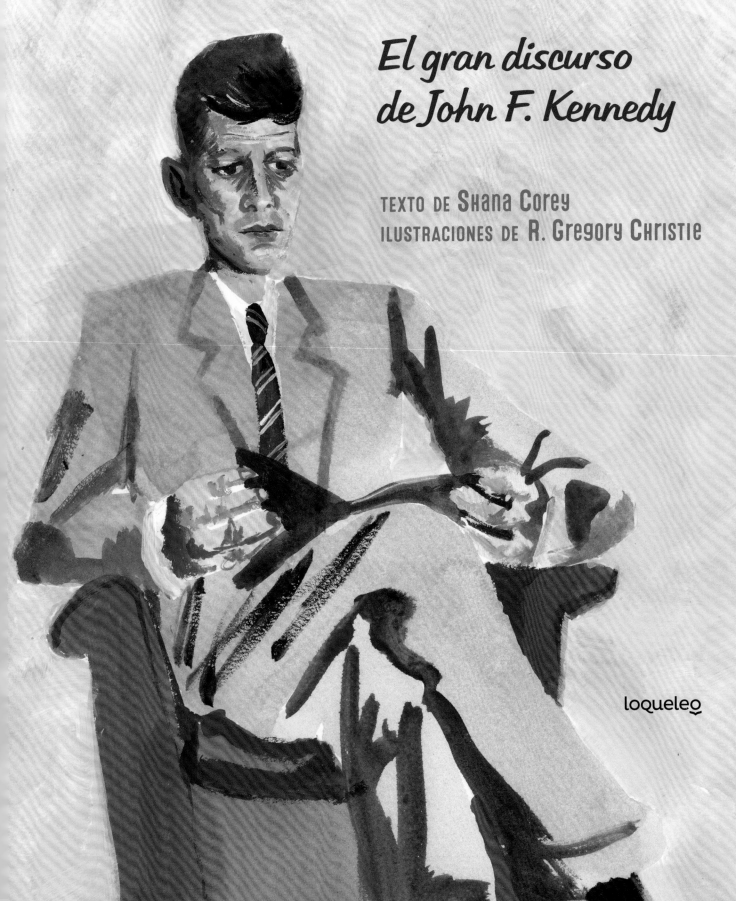

loqueleo

A **JOHN F. KENNEDY** le encantaba leer sobre historia. Pero la historia no solo está en los libros, sino que sucede todo el tiempo a nuestro alrededor.

Y las personas que hacen historia no son exclusivamente los líderes famosos o los personajes de cuentos.

Son gente real como tú y, algunas veces, hasta puedes SER tú mismo.

John (o Jack, como lo llamaban) era el segundo de nueve hijos en una familia grande y adinerada.

Si hubieras visto a los Kennedy, pensarías que lo tenían todo.

Pero, fíjate bien.

El favorito no era Jack sino su hermano mayor, Joe. Su padre quería que algún día llegara a ser presidente.

Nadie estaba seguro del camino que seguiría Jack.

No siempre le fue bien en la escuela.

En un reporte de calificaciones de Jack, se puede leer esta nota: "Es casual y desordenado… y raras veces logra encontrar sus pertenencias".

Además, se enfermaba con mucha frecuencia.

Pero era muy divertido y le agradaba a la gente.

Cuando la enfermedad le impedía jugar afuera, leía.

A Jack también le gustaba escribir.

Siendo niño, una vez le escribió una carta a su padre pidiéndole que le aumentara la mesada.

Ya más mayor llegó a pensar en convertirse en periodista y a veces cargaba un cuaderno donde apuntaba sus ideas.

En la universidad convirtió todas esas ideas en un artículo que su padre le ayudó a publicar con el título *¿Por qué Inglaterra se durmió?* Su libro se convirtió en un *best seller*.

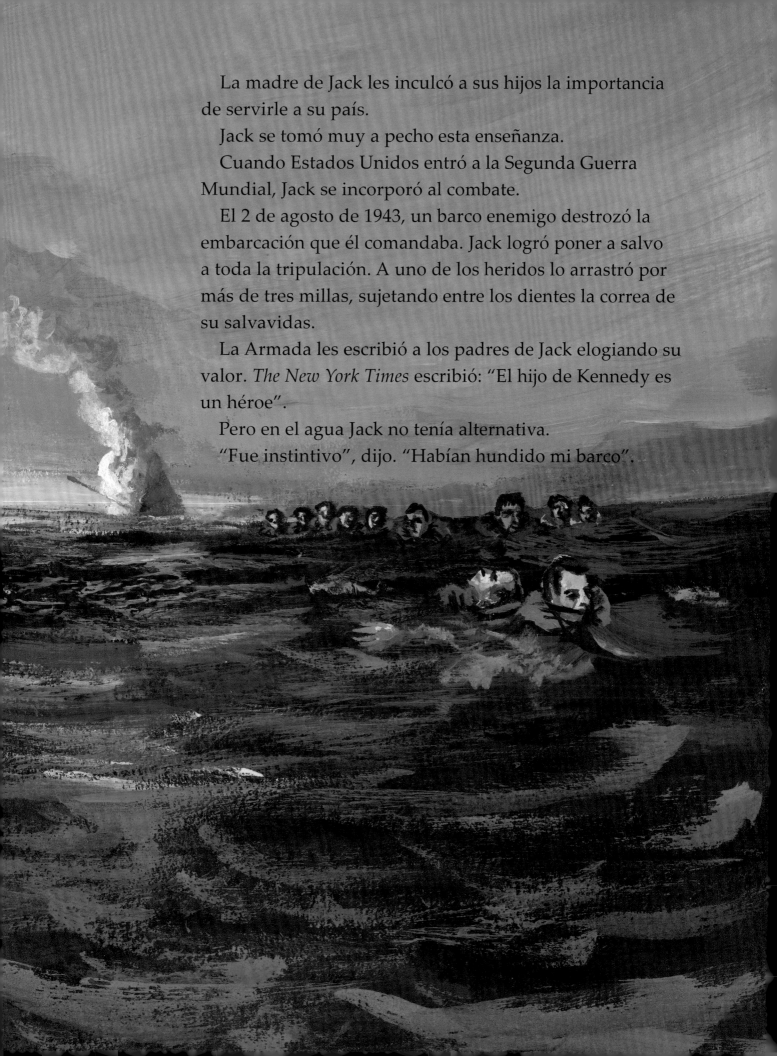

La madre de Jack les inculcó a sus hijos la importancia de servirle a su país.

Jack se tomó muy a pecho esta enseñanza.

Cuando Estados Unidos entró a la Segunda Guerra Mundial, Jack se incorporó al combate.

El 2 de agosto de 1943, un barco enemigo destrozó la embarcación que él comandaba. Jack logró poner a salvo a toda la tripulación. A uno de los heridos lo arrastró por más de tres millas, sujetando entre los dientes la correa de su salvavidas.

La Armada les escribió a los padres de Jack elogiando su valor. *The New York Times* escribió: "El hijo de Kennedy es un héroe".

Pero en el agua Jack no tenía alternativa.

"Fue instintivo", dijo. "Habían hundido mi barco".

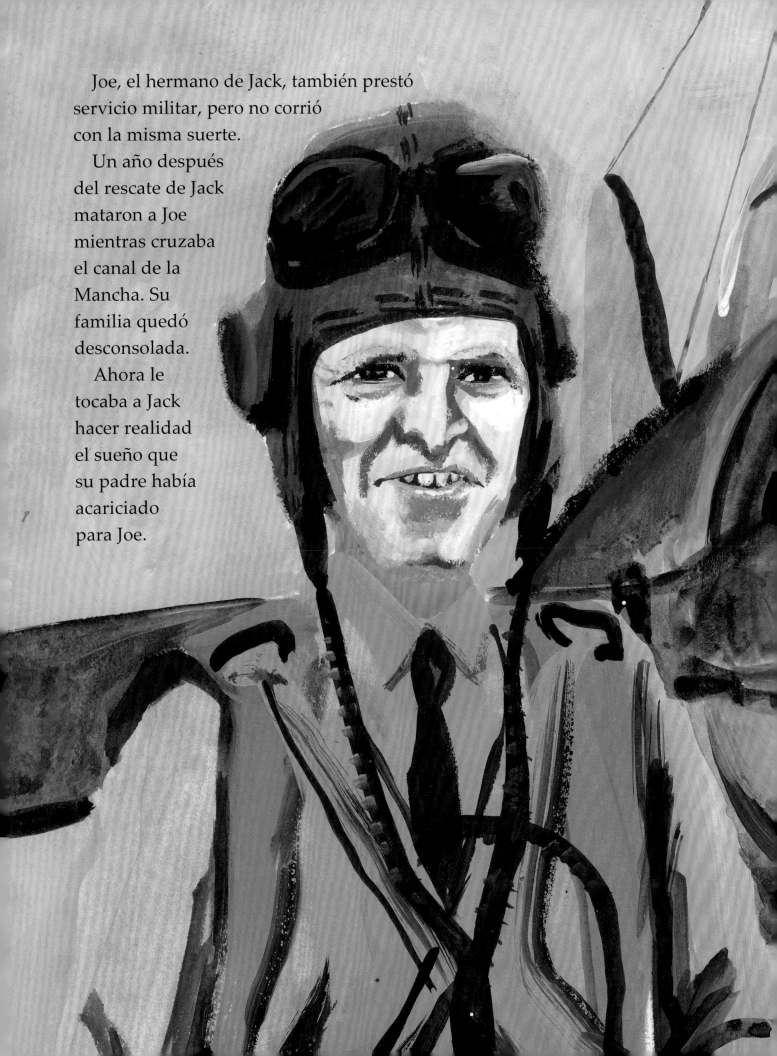

Joe, el hermano de Jack, también prestó
servicio militar, pero no corrió
con la misma suerte.

Un año después
del rescate de Jack
mataron a Joe
mientras cruzaba
el canal de la
Mancha. Su
familia quedó
desconsolada.

Ahora le
tocaba a Jack
hacer realidad
el sueño que
su padre había
acariciado
para Joe.

En 1946 Jack se postuló como candidato para el Congreso.
Toda su familia lo apoyó.

Su padre le dio dinero y consejos; y su madre y sus
hermanas le consiguieron información valiosa sobre personas
importantes.

Al comienzo, a Jack no se le facilitaba hablar en público,
pero hacía un gran esfuerzo.

Comenzó a tocar puertas, a estrechar manos y a conquistar
a la gente con su encanto.

El 5 de noviembre de 1946, a los 29 años de edad, Jack fue
elegido congresista.

Después de su sexto año en el Congreso, Jack fue elegido senador.

Los estadounidenses estaban encantados con este joven y apuesto senador. Él y su reciente esposa, Jackie, se convirtieron en celebridades.

Al poco tiempo de casarse, Jack tuvo que someterse a una cirugía de la espalda y, mientras se recuperaba, escribió otro libro con la ayuda de su equipo de trabajo.

Perfiles de coraje trata sobre personas que tuvieron el valor de defender sus ideas, aun cuando esas posturas no gozaban de popularidad.

Jack escribió: "Para ser valiente no se necesitan cualidades excepcionales. Es una oportunidad que, tarde o temprano, se nos presenta a todos. Cada hombre debe decidir por sí mismo el camino a seguir".

¿Qué camino elegiría Jack?

El 2 de enero de 1960 Jack anunció su candidatura a la presidencia de Estados Unidos.

Tantos años de práctica lo habían convertido en un orador convincente.

Pero no todos creían que fuera a ganar.

A sus 42 años era más joven que cualquier otro presidente elegido hasta entonces.

El presidente Dwight Eisenhower lo apodó *El joven mocoso*.

Eleanor Roosevelt pensaba que el padre de Jack estaba gastando mucho dinero en ayudarlo a ganar las elecciones y le envió el siguiente telegrama: "QUERIDO MUCHACHO, ESTAS COSAS SOLO LAS DIGO POR TU BIEN".

Por último, Jack era católico, y muchos creían que el país nunca elegiría a un presidente católico.

"Creo en un Estados Unidos en el que la intolerancia religiosa algún día llegará a su fin", dijo Jack.

El país también atravesaba una larga y ardua lucha por los derechos civiles, que son, en conjunto, el derecho que tienen todas las personas a que se las trate con justicia, sin discriminación.

En muchos lugares no se trataba a la gente negra con equidad. Particularmente en el Sur, una práctica conocida como "segregación racial" mantenía a la población negra apartada de la blanca.

A pesar de que la Corte Suprema lo había declarado ilegal, no se les permitía a las personas negras acudir a las mismas escuelas donde iban los blancos. Tampoco se les dejaba tomar agua de los mismos bebederos, comer en los mismos restaurantes o alojarse en los mismos hoteles.

Las personas negras no siempre podían tener los mismos empleos que los blancos y, algunas veces, se les impedía votar.

Muchos estadounidenses, tanto líderes de los derechos civiles como Martin Luther King, Jr., y otros no tan famosos, incluyendo estudiantes jóvenes y niños, protestaban pacíficamente tratando de cambiar esa situación.

Jack dijo: "En la década que se avecina, la presidencia de Estados Unidos requerirá que el mismo presidente se ponga al frente de esta lucha. No basta simplemente con hacer evidente un sentimiento. Debemos seguir el ejemplo de Abraham Lincoln".

Apenas un mes después de que Jack anunciara su candidatura a la presidencia, cuatro estudiantes universitarios iniciaron una protesta en Greensboro, Carolina del Norte.

Se sentaron pacíficamente en el mostrador de una cafetería que era "solo para blancos" con la intención de ser atendidos.

Se les negó el servicio. Cada día más y más estudiantes se unieron a la protesta.

Al finalizar la semana, estas "sentadas" se habían propagado por todo el Sur.

Algunas personas blancas les gritaban insultos a los manifestantes, otros los escupían o les lanzaban comida.

Pero algunos blancos los apoyaron.

Sin importar lo que les gritaran o lanzaran, los manifestantes se mantenían sentados, tranquilos, protestando de manera pacífica.

Esperaban que los atendieran.

Buscaban producir un cambio.

Jack proclamó: "El objetivo del próximo presidente de Estados Unidos debe ser lograr la igualdad de oportunidades para todos los estadounidenses sin importar su raza. Esto requiere que haya igualdad de acceso a las urnas electorales, a las aulas de clase y a los mostradores de las cafeterías".

Ese octubre, el doctor Martin Luther King, Jr. fue arrestado y encarcelado por participar en una de esas sentadas. Su esposa, Coretta Scott King, temía que lo asesinaran.

El equipo de campaña de Jack trabajó en secreto con el gobernador de Georgia para lograr la liberación del doctor King.

Algunos de los asesores de Jack estaban preocupados porque esto podía costarle los votos de la gente blanca que no apoyaba la lucha por los derechos civiles. Sin embargo, Jack llamó a la señora King y le dijo: "Por favor, si hay algo en lo que yo pueda ayudar, siéntase en libertad de pedírmelo".

El 8 de noviembre de 1960 Jack resultó elegido como el trigésimo quinto presidente de Estados Unidos. Ganó por una mínima ventaja, pero una gran cantidad de la población negra votó por él.

Jack quería que su discurso inaugural inspirara esperanza.

Recurrió a la historia y le pidió a su redactor que estudiara el discurso de Gettysburg de Abraham Lincoln.

Jack escribió y corrigió. Practicó durante el desayuno y hasta en la bañera.

En la mañana del 20 de enero de 1961, veinte mil personas se apiñaron en las calles de Washington, DC.

Marian Anderson cantó el himno nacional y Robert Frost leyó un poema.

Al fin, Jack comenzó su discurso.

"Dejemos aquí y ahora que corra la voz… de que la antorcha ha pasado a una nueva generación de estadounidenses… quienes no están dispuestos a presenciar ni permitir la lenta ruina de esos derechos humanos con los que nuestro pueblo ha estado siempre comprometido… No pregunten qué puede hacer su país por ustedes, pregunten qué pueden hacer ustedes por su país".

En algunos asuntos, el nuevo presidente actuó rápidamente y se expresó de manera firme.

Estableció los Cuerpos de Paz y alentó a la juventud estadounidense a viajar por el mundo y a trabajar "hombro a hombro" con gente de otros países.

Estos voluntarios construyeron carreteras, puentes, bibliotecas y escuelas.

Estados Unidos y la Unión Soviética eran rivales; competían por ser el país más poderoso.

La Unión Soviética ya había enviado a un hombre al espacio.

Jack afirmó que Estados Unidos sería el primer país en hacer aterrizar a un hombre en la Luna.

En menos de un año, los estadounidenses de todas las latitudes encendieron sus televisores y observaron cómo el astronauta John Glenn despegaba hacia el espacio.

¡La carrera espacial había iniciado!

Jack se esforzó por mantener relaciones pacíficas con la Unión Soviética.
Y viajó por todo el mundo.

Dos millones de personas lo vitorearon cuando habló desde el muro
que separaba a la población libre de Berlín Occidental de la que vivía bajo
control soviético en Berlín Oriental.

Jack dijo: "La libertad no admite divisiones. Cuando un hombre está
esclavizado, nadie es completamente libre".

Pero en asuntos importantes relacionados con los derechos civiles, Jack actuaba con lentitud.

En una ocasión había declarado que un presidente debía estar dispuesto a ponerse "al frente de esta lucha". Sin embargo, ahora parecía que no quería librar algunas batallas.

El famoso beisbolista Jackie Robinson le escribió a Jack: "Me gustaría conservar la paciencia, pero esta nos ha hecho perder años en nuestra lucha por la dignidad".

Mientras Jack dudaba, otros tomaron la iniciativa de actuar.

Jóvenes negros y blancos, a quienes llamaron "pasajeros de la libertad", lucharon para que hubiese integración en los autobuses del Sur.

Multitudes enardecidas quebraron las ventanas de los autobuses, acuchillaron las llantas y los incendiaron; pero esto no logró que los jóvenes desistieran.

Ese mismo octubre, el doctor Martin Luther King, Jr. se reunió con Jack en la Casa Blanca.

Cuando pasaron frente a una copia enmarcada de la Proclama de Emancipación de Abraham Lincoln, el documento que dio la libertad a los esclavos, el doctor King le sugirió a Jack que redactara una segunda Proclama de Emancipación prohibiendo la segregación.

Pero a Jack le preocupaba perder el apoyo de los congresistas que no estaban de acuerdo. De modo que no escribió la nueva proclama.

Jack no actuó con determinación.

Pero otros sí estaban actuando.

En abril de 1963, el doctor King escribió desde una cárcel en Birmingham: "La gente oprimida no puede permanecer así para siempre".

Al mes siguiente, a pesar del peligro que corrían, cientos de niños y adolescentes negros se rebelaron una vez más y actuaron.

Abandonaron sus aulas de clase en Birmingham, Alabama y, entonando canciones de libertad, marcharon pacíficamente para protestar contra la segregación.

Se los llevaron a la cárcel.

Al día siguiente llegaron más jóvenes a reemplazarlos.

La policía los dispersó echándoles agua con sus mangueras para incendios.

También les lanzaron perros feroces.

Los estadounidenses, incluyendo a Jack, vieron en las noticias la Cruzada de los Niños y la valentía de los jóvenes, y tanta violencia les produjo asco.

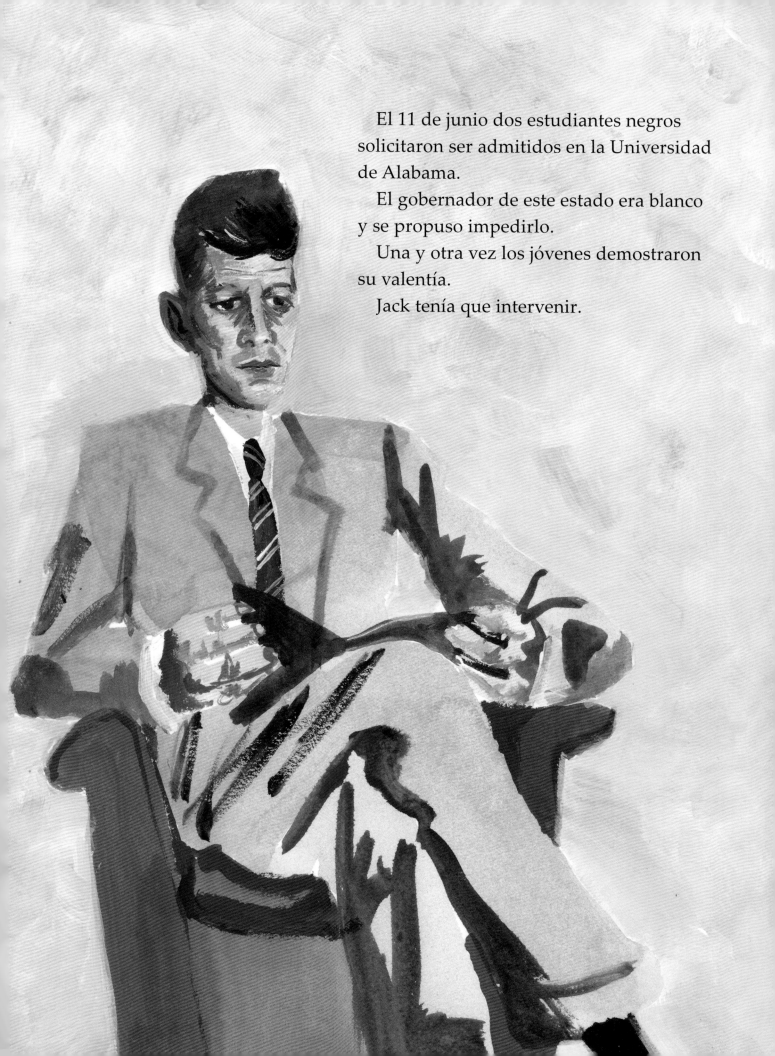

El 11 de junio dos estudiantes negros solicitaron ser admitidos en la Universidad de Alabama.

El gobernador de este estado era blanco y se propuso impedirlo.

Una y otra vez los jóvenes demostraron su valentía.

Jack tenía que intervenir.

Por fin actuó, siguiendo los pasos de aquellos que habían trazado el camino participando en sentadas, enviando cartas, marchando y montándose en autobuses.

Jack ordenó que la Guardia Nacional escoltara a los estudiantes a sus escuelas.

Esa noche, en salas, cocinas y comedores a lo largo de todo el país… millones de personas de todas las razas (niños, padres y abuelos; ricos y pobres; habitantes del Norte y del Sur; ciudadanos de distintas religiones; aquellos que dieron la espalda y los que habían luchado por un cambio) encendieron sus televisores y radios, y escucharon al Presidente hablar con un lenguaje firme.

"Han transcurrido cien años desde que el presidente Lincoln liberó a los esclavos y todavía sus herederos, sus nietos, no son completamente libres"...

"Esta nación… nunca será completamente libre hasta que todos sus ciudadanos no sean libres"…

"Ha llegado la hora de que esta nación cumpla su promesa… Es hora de actuar… Aquellos que no hacen nada fomentan la vergüenza y la violencia. Le pediré al Congreso de Estados Unidos que actúe".

Tan pronto finalizó el discurso, el doctor King envió el
siguiente telegrama: "FUE UNA DE LAS PETICIONES
A FAVOR DE LA JUSTICIA Y LA LIBERTAD MÁS
ELOCUENTES, PROFUNDAS E INEQUÍVOCAS QUE HAYA
HECHO PRESIDENTE ALGUNO".

Jackie Robinson escribió: "La exposición del Presidente sobre la situación racial es una de las declaraciones más excelentes que se han emitido a favor de la causa de los derechos humanos".

La semana siguiente, Jack envió al Congreso un firme proyecto de ley sobre los derechos civiles que prohibiría la segregación en los lugares públicos y daría por terminada la discriminación laboral.

Más tarde, ese verano, el 28 de agosto de 1963, el doctor King lideró una histórica marcha de 250,000 personas en Washington, DC.

Personas de todas las razas, provenientes de todo el país, se congregaron mientras cantaban y hablaban en favor de la causa.

"Sueño que un día", le dijo el doctor King a la multitud mientras Jack lo escuchaba desde la Casa Blanca.

Al finalizar, el doctor King y los otros líderes se reunieron con Jack.

Jack los recibió repitiendo la inspiradora frase del doctor King: "Sueño que un día".

El presidente Kennedy fue asesinado el 22 de noviembre de 1963, apenas unos meses después de haberse dirigido a la nación para hablarle sobre los derechos civiles.

Pero su legado, sus palabras y sus acciones aún siguen vivos.

Hoy, la Unión Soviética ya no existe y aquel muro desde donde el presidente Kennedy habló en una ocasión, fue derribado.

Pero los jóvenes voluntarios de los Cuerpos de Paz todavía recorren el mundo, construyendo carreteras, puentes, bibliotecas y escuelas.

El 20 de julio de 1969 se cumplió el reto espacial de Kennedy.

Dos astronautas estadounidenses, Neil Armstrong y Buzz Aldrin, caminaron sobre la superficie lunar.

"Fue un paso pequeño para un hombre, pero un salto gigante para la humanidad", dijo Armstrong.

Décadas más tarde, aún seguimos explorando las estrellas.

Ahora, en vez de competir unos contra otros, muchos países realizan proyectos conjuntos en el espacio.

Gracias al aporte de mucha gente valiente que nunca se rindió y trabajó unida durante muchos años, el 2 de julio de 1964 se aprobó la Ley de Derechos Civiles, que prohibió la discriminación laboral basada en el color de la piel y estipuló la integración en las escuelas y los lugares públicos.

En los más de cincuenta años que han transcurrido desde que se aprobó la ley, ha habido muchos avances en materia de derechos civiles.

Pero también ha habido retrocesos.

La historia no sigue una línea recta. Y no se trata solo de palabras escritas en libros con tinta indeleble. La historia cambia (nosotros la cambiamos) todos los días.

En una ocasión, Jack le dijo a un grupo de jóvenes: "De ahora en adelante, ustedes tomarán las decisiones, ustedes escribirán la historia".

Ahora es tu turno de elegir TU destino, de alzar la voz, actuar y cambiar el mundo. Te corresponde hacer historia.

NOTA DEL AUTOR

John F. Kennedy (1917-1963) hubiera cumplido cien años en mayo del 2017. No son muchos años para una persona que se ha mantenido en el recuerdo de los estadounidenses por más de medio siglo.

A pesar de que no llegó a completar los cuatro años de su presidencia, dejó muchos legados duraderos, como el programa espacial y los Cuerpos de Paz. Sin embargo, cuando comencé la investigación para este libro, lo que más me interesó fue la relación de Kennedy con el movimiento de los derechos civiles.

El foco de Kennedy estaba centrado en política exterior y en la Guerra Fría. Pero décadas después de su muerte, todavía seguimos lidiando con el tema de los derechos civiles en Estados Unidos. Este capítulo de la historia todavía no se ha acabado; aún no lo hemos resuelto. Creo que mientras más conocimiento tengamos del pasado, mejor podremos avanzar hacia el futuro. Por esta razón, me interesó saber cómo actuó y reaccionó Kennedy. No todo el mundo puede lanzar un programa espacial, pero en nuestra vida tendremos que confrontar distintas opciones antes de decidir el rumbo que queremos tomar y quiénes queremos ser.

¿Dio John F. Kennedy un paso en falso en materia de derechos civiles? Me fascinó el hecho de que en su libro *Perfiles de coraje* escribió específicamente sobre los líderes que tienen el valor de defender sus ideas, aun cuando estas contradigan la opinión pública. Sin embargo, Jack pareció dudar a la hora de enfrentarse a difíciles problemas políticos.

No obstante, Kennedy sí dio pasos hacia adelante. El día de su toma de posesión ordenó la integración de la Guardia Costera al observar que las tropas que desfilaron estaban conformadas solamente por personas de raza blanca. Como congresista, apoyó una política de empleo justo. Como presidente, creó el Comité Presidencial para la Igualdad de Oportunidades de Empleo, y se concentró en contratar para el gobierno, empezando por la Casa Blanca, a un mayor número de afroamericanos, incluso para cargos de alto rango. Él y su hermano Robert cancelaron su membresía de los clubes privados que no les permitían el acceso a los afroamericanos. Ningún gobierno anterior tuvo tantos invitados de raza negra en la Casa Blanca como el de Kennedy.

Sin embargo, muchas de sus enmiendas fueron percibidas como cautelosas y simbólicas, motivadas por la necesidad de preservar la imagen de Estados Unidos como una democracia. Preocupado por perder el apoyo del Congreso, el cual estaba controlado por conservadores blancos del Sur, Kennedy no trató, desde el comienzo, de imponer el tema de los derechos civiles ni propuso una legislación amplia sobre los mismos. Su relación con los líderes del movimiento de los derechos civiles era complicada, a veces tensa. Por cada muestra de apoyo que recibía de la prensa afroamericana, también recibía cartas y telegramas de los líderes de los derechos civiles mostrando su frustración, exhortándolo a tomar medidas más enérgicas y recordándole que la

Reunión entre JFK y MLK y otros líderes de los derechos civiles después del discurso de MLK y la Marcha de Washington (Salón Oval de la Casa Blanca, 28 de agosto de 1963).

población negra no podía seguir esperando indefinidamente.

Me parecen fascinantes estas interacciones con otras figuras históricas. Me recuerdan que la historia no está compuesta por un solo hilo ni por la de una persona en particular, sino por el tejido de muchas hebras que interactúan e, incluso, se transforman unas a otras. Es una conversación de la cual podemos formar parte si hacemos escuchar nuestra voz. He querido dar en este libro una muestra de algunas de estas interacciones y voces, pero los lectores que estén interesados pueden investigar en profundidad los documentos que me sirvieron de primera fuente en el sitio jfklibrary.org.

Kennedy no fue realmente un líder en el tema de los derechos civiles, más bien las personas que trabajaron directamente en la consecución de un cambio lo fueron arrastrando, muchas veces en contra de su voluntad.

Líderes como el doctor Martin Luther King, Jr., la indignación que le producían las fotografías sobre la violencia que se vivía en el Sur y cómo estas afectaban la imagen internacional de Estados Unidos, la amenaza de que se produjeran más actos violentos y, sobre todo, las crecientes peticiones de los estadounidenses negros y sus aliados de que se hiciera justicia, persuadieron a Kennedy. Cuando finalmente se dirigió a los estadounidenses, su discurso sobre los derechos civiles del 11 de junio de 1963 marcó un hito.

Fue inequívoco y poderoso. Por primera vez un presidente de Estados Unidos le decía a su país que el sistema vigente era completamente inaceptable. No solo desde el punto de vista político o legal, sino moral. Para muchos de los estadounidenses blancos, esto fue algo nuevo.

Pero los cambios en general no ocurren de la noche a la mañana. Pocas horas después del discurso de JFK asesinaron a Medgar Evers, un líder de los derechos civiles que luchó por el cese de la segregación en Mississippi. La tarea que le toca realizar al país aún no ha concluido.

Kennedy también se hizo eco de las ideas del doctor King al decir que esta tarea no podía esperar. Las palabras importan y las que dijo John F. Kennedy ayudaron a cambiar el diálogo. El discurso se puede leer en su totalidad en el sitio jfklibrary.org.

Días después, el 19 de junio de 1963, Kennedy envió al Congreso una robusta legislación sobre derechos civiles. Después del asesinato de JFK, el presidente Lyndon B. Johnson trabajó sin descanso para sumar apoyo al proyecto de ley y logró finalmente imponerse a la oposición política, incluyendo una obstrucción en el Senado que duró setenta y cinco días.

El 2 de julio de 1964, Johnson aprobó con su firma la Ley de Derechos Civiles. El doctor Martin Luther King, Jr. fue uno de los líderes de derechos civiles que presenciaron el acto. Esta ley garantizaba la igualdad de oportunidades en el campo laboral y prohibía la discriminación en hoteles, restaurantes, escuelas y establecimientos públicos. Fue un gran paso para el movimiento de los derechos civiles y un elemento duradero de los legados de los presidentes Kennedy y Johnson.

John F. Kennedy fue presidente durante una de las épocas más tumultuosas de la historia estadounidense. Escribí este libro porque considero que Kennedy estaba en lo cierto cuando escribió *Perfiles de coraje*. Coraje significa alzar la voz y tomar acción, aun cuando lo que apoyemos sean causas no del todo populares. Me siento agradecida con todos los líderes y jóvenes que produjeron los cambios, y con el presidente Kennedy por hacerlo posible. También lo escribí porque tenía (y aún tengo) preguntas sobre este momento de la historia y quería saber más sobre el mismo.

Les pregunto a mis lectores: ¿Deben los líderes estar al frente de los cambios o son los ciudadanos comunes quienes generan los cambios, quienes inician el diálogo? ¿El hecho de que Kennedy esperara para actuar afectó la eficacia de sus actos y palabras? ¿Aun así debemos aplaudirlas? ¿Qué habrías hecho si te hubieras enfrentado a una situación similar? Es tu historia. ¿Qué piensas al respecto?

otras Personas que aparecen en este libro

Eleanor Roosevelt (1884–1962) fue una mujer blanca adinerada que se convirtió en primera dama de Estados Unidos cuando su esposo, Franklin D. Roosevelt, fue elegido presidente en 1933. Eleanor defendió los derechos de las mujeres, los pobres y las minorías. Después de la muerte de su esposo fue nombrada representante a la Asamblea General de las Naciones Unidas, donde trabajó en la redacción de la Declaración Universal de los Derechos Humanos. Más tarde trabajó en la Junta Consultiva Nacional de los Cuerpos de Paz.

Ruby Bridges (1954–presente) se convirtió en 1960, a los seis años de edad, en la primera niña afroamericana que se integró a una escuela primaria del Sur. Su madre y funcionarios del cuerpo de alguaciles de Estados Unidos la escoltaron a su nueva escuela mientras afuera una turba enardecida la amenazaba de manera violenta.

Dr. Martin Luther King, Jr. (1929–1968) fue un pastor afroamericano, activista y líder de la lucha por los derechos civiles. Dirigió protestas no violentas, incluyendo el boicot a los autobuses de Montgomery, para lograr la igualdad y la integración por vías pacíficas. En 1963, él y otros activistas organizaron la famosa marcha de Washington donde dio el discurso "Sueño que un día". En 1964 ganó el Premio Nobel de la Paz, y el 4 de abril de 1968 fue asesinado en Memphis, Tennessee. Cada enero, se celebra en Estados Unidos el día de Martin Luther King, Jr. como un día de servicio comunitario.

Coretta Scott King (1927–2006) fue una activista, autora y líder de los derechos civiles afroamericana. Era la esposa de Martin Luther King, Jr. y, después de su muerte, logró que el día de cumpleaños de su marido se convirtiese en feriado nacional. El Premio Coretta Scott King fue creado en su honor, para reconocer la excelente labor de autores e ilustradores de libros para niños que tratan sobre la realidad de los afroamericanos.

Jackie Robinson (1917–1972) rompió la barrera racial al convertirse en el primer beisbolista afroamericano de las grandes ligas cuando jugó para los Dodgers de Brooklyn en 1947. Fue nombrado Novato del Año en su primera temporada y, en 1962, ingresó al Salón de la Fama del Béisbol. También fue activista y propulsor de cambios sociales.

Marian Anderson (1887–1993) es recordada como una de las mejores cantantes del país y como pionera de los artistas afroamericanos. Cuando las Hijas de la Guerra de Independencia estadounidense se negaron a que Marian cantara en el Salón de la Constitución de la ciudad de Washington, DC., la primera dama Eleanor Roosevelt renunció en protesta. La artista se presentó, entonces, en el Monumento a Lincoln. Marian Anderson fue la primera persona afroamericana que cantó en la Ópera Metropolitana.

Los Cuatro de Greensboro fueron cuatro estudiantes de primer año de la Universidad de Agricultura y Tecnología de Carolina del Norte. El 1 de febrero de 1960, Exell Blair, Jr. (conocido ahora como Jibreel Khazan), Franklin McCain, Joseph McNeil y David Richmond comenzaron un movimiento de protesta al sentarse en un mostrador reservado para blancos de la cafetería de una tienda Woolworth's en Greensboro, Carolina del Norte.

Lyndon B. Johnson (1908–1973), recordado con frecuencia como LBJ, fue un hombre blanco de Texas que se desempeñó como vicepresidente en el gobierno de John F. Kennedy. Cuando Kennedy fue asesinado, Johnson asumió su cargo, convirtiéndose así en el trigésimo sexto presidente de Estados Unidos. A partir del proyecto de ley que creó JFK, y con la ayuda del Fiscal General, Robert Kennedy, que era hermano de JFK, Johnson luchó hasta lograr la aprobación de la Ley de Derechos Civiles de 1964.

BIBLIOGRAFÍA

Black, Allida June Hopkins, John Sears, Christopher Alhambra, Mary Jo Binker, Christopher Brick, John S. Emrich, Eugenia Gusev, Kristen E. Gwinn y Bryan D. Peery (ed.). *Eleanor Roosevelt, John Kennedy and the Election of 1960: A Project of the Eleanor Roosevelt Papers*. Model Editions Partnership: Columbia, S. C., 2003. La versión electrónica está basada en cartas no publicadas. https://erpapers.columbian.gwu.edu/eleanor-roosevelt-john-kennedy-and-election-1960

Bryant, Nick. *The Bystander: John F. Kennedy and the Struggle for Black Equality*. Basic Books: Nueva York, 2006.

Dallek, Robert. *Una vida inacabada: John F. Kennedy 1917-1963*. Little Brown and Co.: Boston, 2003.

Informe del cuarto trimestre del profesor del internado. Papers of John F. Kennedy. Personal Papers. Early Years, 1928-1940. Correspondence, 1929-1935. https://www.jfklibrary.org/Asset-Viewer/Archives/JFKPP-001-010.aspx

Hersey, John. "Survival". *The New Yorker*. 17 de junio de 1944. Pág. 31.

JFKPPP (Documentos previos a la presidencia de JFK). Archivos de la Cámara de Representantes (caja 93). "Kennedy Fights for Civil Rights". Sin fecha.

Kennedy, John F., Prólogo de Robert F. Kennedy. *Perfiles de coraje*. HarperCollins Publishers: Nueva York, 1955.

King, Coretta Scott. *Mi vida con Martin Luther King, Jr*. Holt, Rinehart y Winston: Nueva York, 1969. Pág. 196.

____. *Mi vida con Martin Luther King, Jr.*, corregido. Henry Holt: Nueva York, 1993.

King, Dr. Martin Luther, Jr. "Carta desde la cárcel de Birmingham". 16 de abril de 1963.

Prattis, P. "The Courier Questions a Presidential Hopeful: Sen. John Fitzgerald Kennedy". *Pittsburgh Courier*. 25 de junio de 1960. B4.

Purdum, Todd S. *An Idea Whose Time Has Come: Two Presidents, Two Parties, and the Battle for the Civil Rights Act of 1964*. Henry Holt: Nueva York, 2004.

Rieder, Jonathan. "The Day President Kennedy Embraced Civil Rights —and the Story Behind It". Atlantic.com. 11 de junio de 2013.

NOTA DEL TRADUCTOR: Solo se han traducido los nombres de las fuentes que existen en español.

Fuentes originales en inglés de las citas de este libro

Pág. 7 "Es casual…" (Informe del cuarto trimestre del profesor del internado)

Pág. 9 "El hijo de Kennedy…" (*The New York Times*, 20 de agosto de 1943, pág. 1)

"Fue instintivo…" (*The Letters of John F. Kennedy*, pág. 5)

Pág. 13 "Para ser valiente…" (*Perfiles de coraje*, pág. 225)

Pág. 15 *"El joven mocoso"* (*Una vida inacabada*, pág. 302)

"Querido muchacho…" (*Eleanor Roosevelt, John Kennedy and the Election of 1960: A Project of the Eleanor Roosevelt Papers*)

"Creo en un…" (https://www.jfklibrary. org/Research/Research-Aids/JFK-Speeches/ Houston-TX_19600912-Houston-Ministerial- Association.aspx)

Pág. 17 "En la década…" (John F. Kennedy: "The Presidency In 1960 - National Press Club, Washington, DC," 14 de enero de 1960. En internet en *The American Presidency Project*, de Gerhard Peters y John T. Woolley. http:// www.presidency.ucsb.edu/ws/?pid=25795)

Pág. 18 "El objetivo…" (*New Pittsburgh Courier*, 25 de junio de 1960)

Pág. 21 "…si hay algo…" (*Mi vida con Martin Luther King, Jr.*, pág. 196)

Pág. 23 "Dejemos aquí y ahora que corra la voz…" (Discurso inaugural, 20 de enero de 1961; la transcripción y el video pueden verse en https://www.jfklibrary.org/Asset-Viewer/ BqXIEM9F4024ntFl7SVAjA.aspx)

Pág. 24 "hombro a hombro" (Universal Newsreels, Biblioteca y museo presidencial John F. Kennedy, 13 de marzo de 1961)

Pág. 25 "La libertad no admite divisiones…" (Discurso en Berlín, 26 de junio de 1963; la transcripción y el video pueden verse en https://www.jfklibrary.org/Asset-Viewer/ oEX2uqSQGEGIdTYgd_JL_Q.aspx)

Pág. 26 "al frente de esta lucha". (John F. Kennedy: "The Presidency In 1960 - National Press Club, Washington, DC," 14 de enero de 1960. En internet en *The American Presidency Project*, de Gerhard Peters y John T. Woolley. http://www.presidency.ucsb.edu/ ws/?pid=25795)

"Me gustaría…" (Papers of John F. Kennedy. Presidential Papers. White House Staff Files of Harris Wofford. Alfabetical File, 1956- 1962. Robinson, Jackie, 1961: 28 de julio-5 de septiembre. http://jackierobinson.com)

Pág. 28 "La gente oprimida no puede…" ("Carta desde la cárcel en Birmingham". http://www. thekingcenter.org/archive/document/letter- birmingham-city-jail-0)

Págs. 34-35 "Han transcurrido cien años…" (Papers of John F. Kennedy. President's Office Files. Speech Files. Radio and television address on civil rights, 11 June 1963. http://www.jfklibrary.org/Asset- Viewer/Archives/JFKPOF-045-005.aspx)

Pág. 36 "Fue una de las peticiones…" (Papers of John F. Kennedy. Presidential Papers. White House Central Subject Files. Speeches (SP). Speeches: 3-86: Radio and TV address on civil rights, 11 June 1963: Executive https:// www.jfklibrary.org/Asset-Viewer/Archives/ JFKWHCSF-0926-033.aspx)

Pág. 37 "La exposición del presidente…" (Papers

of John F. Kennedy. Presidential Papers. President's Office Files. Subjects. Civil Rights: General, June 1963: 5-13 y Biblioteca y museo presidencial John F. Kennedy, Boston, Massachusetts. Papers of John F. Kennedy, Presidential Papers, White House Central File, Subject File. https://www.jfklibrary.org/Asset-Viewer/fXbXxZHwaUmJqbxW_5IrQg.aspx. http://jackierobinson.com)

Pág. 39 "Sueño que un día..." (*Una vida inacabada*, pág. 645)

Pág. 42 "Fue un paso pequeño…" https://www. nasa.gov/mission_pages/apollo/apollo11.html

Pág. 44 "De ahora en adelante..." (John F. Kennedy: "Statement of Senator John F. Kennedy, Message of Senator John F. Kennedy to the Nation's New Voters," 5 de octubre de 1960. En internet en *The American Presidency Project*, de Gerhard Peters y John T. Woolley. http://www.presidency.ucsb.edu/ws/?pid=60424)

NOTA DEL TRADUCTOR: Solo se han traducido los nombres de las fuentes que existen en español.

Para leer más

Ada, Alma Flor y Campoy, F. Isabel. *Caminos*, ilustraciones de Waldo Saavedra y César de la Mora. (Santillana USA), 2016.

Ada, Alma Flor y Campoy, F. Isabel. *Celebra el Día de Martin Luther King, Jr. con la clase de la Sra. Park*, ilustraciones de Mónica Weiss. Loqueleo (Santillana USA), 2016.

Brennan, Patricia. *¿Qué fue la isla Ellis?*, ilustraciones de David Groff. Loqueleo (Santillana USA), 2016.

Brindell Fradin, Dennis. *¿Quién fue Benjamín Franklin?*, ilustraciones de John O'Brien. Loqueleo (Santillana USA), 2016.

Krull, Kathleen. *¿Qué fue la Marcha de Washington?*, ilustraciones de Tim Tomkinson. Loqueleo (Santillana USA), 2016.

McDonough, Yona Zeldis. *¿Quién fue Harriet Tubman?*, ilustraciones de Nancy Harrison. Loqueleo (Santillana USA), 2016.

McDonough, Yona Zeldis. *¿Quién fue Rosa Parks?*, ilustraciones de Stephen Marchesi. Loqueleo (Santillana USA), 2016.

McDonough, Yona Zeldis. *¿Qué fue el Tren Clandestino?*, ilustraciones de Lauren Mortimer. Loqueleo (Santillana USA), 2016.

Meachen Rau, Dana. *La primera caminata lunar*, ilustraciones de Tomas Buchs. Loqueleo (Santillana USA), 2016.

Meachen Rau, Dana. *¿Quién fue Harriet Beecher Stowe?*, ilustraciones de Gregory Copeland. Loqueleo (Santillana USA), 2016.

St. George, Judith. *¿Qué fue la batalla de Gettysburg?*, ilustraciones de John Mantha. Loqueleo (Santillana USA), 2016.

AGRADECIMIENTOS

Un agradecido reconocimiento a Alexis Bucher (encargada de referencias textuales en la Biblioteca Presidencial John F. Kennedy) por su ayuda en ubicar documentos de primera fuente; a Jonathan Rieder (profesor de la facultad Barnard, en la Universidad de Columbia, y autor de *Gospel of Freedom: Martin Luther King, Jr.'s Letter from Birmingham Jail and the Struggle That Changed a Nation* y *The Word of the Lord Is Upon Me: The Righteous Performance of Martin Luther King, Jr.*) por revisar este manuscrito para asegurar su precisión histórica (cualquier error que haya quedado es mío); a Dhonielle Clayton (autora, fundadora de *Cake Literary*) por sus valiosas reflexiones al revisar este manuscrito y por ayudarme a expandir mi conocimiento sobre esta conversación; a *Off the Page* (offthepageeducation.org) por su información sobre el movimiento de los derechos civiles y por compartirla con los niños; a Vaunda Micheaux Nelson, Lynda Blackmon Lowery y Jeff Haynes por ser mis lectores de prueba; a Angela Ellis Roberts por ayudarme en la investigación; a mi agente, Tracey Adams, de Adams Literary, y a mi maravillosa editora, Beth Terrill, de *NorthSouth Books*, por iniciar esta conversación conmigo.

SHANA COREY ha escrito varios libros aclamados por la crítica como *¡Aquí vienen las Girl Scouts!*, obra recomendada por los editores de *The New York Times*; *Olvidaste la falda, Amelia Bloomer*, al que *Booklist* llamó "uno de los libros álbum más deliciosamente subversivos que haya aparecido en los últimos tiempos"; y *El metro subterráneo*, el cual *Kirkus* calificó de "absolutamente maravilloso en todos los sentidos". Más información, disponible en shanacorey.com. Shana vive en Brooklyn, Nueva York.

R. GREGORY CHRISTIE es un ilustrador independiente que ha trabajado en más de cincuenta libros infantiles. Ha recibido cuatro veces la mención de honor Coretta Scott King por sus ilustraciones y dos veces el premio que otorga *The New York Times* al mejor libro ilustrado del año. También ha sido galardonado con el premio Imagen de la NAACP, el Boston Globe-Horn Book, y el Theodor Seuss Geisel en la categoría de ilustración.

Su talento trasciende la ilustración de libros. Gregory diseñó la estampilla de vigencia permanente con el motivo de Kwanzaa del Servicio Postal de Estados Unidos. Sus ilustraciones han sido difundidas en HBO Infantil, en el programa *Entre leones* de PBS, en el afiche perteneciente a la muestra Congo Square del Festival Nueva Orleans: jazz y herencia del 2013 y, durante un año, en los vagones del metro de Nueva York.

Cuando no está ilustrando, Gregory se dedica a enseñar arte y a alfabetizar a jóvenes. Vive en Decatur, Georgia, donde es dueño y dependiente de la librería GAS–Art Gifts (Manifestaciones de Arte Gregario), la cual vende libros autografiados para niños. Más información, disponible en gas-art.com.